Nik
  Gaturro 4.- 11ª. ed.- Buenos Aires : Ediciones de la Flor, 2011.
  96 p. ; 20x14 cm.

  ISBN 978-950-515-781-5

  1. Humor gráfico argentino. I. Título
  CDD A867

Decimoprimera edición: noviembre de 2011

© Cristian G. Dzwonik (Nik)
© 2004 *by* Ediciones de la Flor S.R.L.
Gorriti 3695, C1172ACE Buenos Aires, Argentina.
www.edicionesdelaflor.com.ar

Hecho el depósito que dispone la ley 11.723
Impreso en la Argentina
Printed in Argentina

Para mi Mamurra
y su tupper